# The Mystery of the Mountains and Other Stories: Bilingual French-English Short Stories for French Language Learners

Coledown Bilingual Books

Published by Coledown Bilingual Books, 2023.

THE MYSTERY OF THE MOUNTAINS AND OTHER STORIES: BILINGUAL FRENCH-ENGLISH SHORT STORIES FOR FRENCH LANGUAGE LEARNERS

**First edition. September 16, 2023.**

Copyright © 2023 Coledown Bilingual Books.

ISBN: 979-8223613282

Written by Coledown Bilingual Books.

# Table of Contents

# Le Mystère de la Sérénissime Maison

Dans les ruelles étroites et sinueuses de Venise, où les ombres dansaient au clair de lune sur les canaux tranquilles, se cachait un mystère que même les plus astucieux enquêteurs n'auraient pu imaginer. C'était une nuit d'automne, lorsque le célèbre détective Marco Bellini reçut un message cryptique qui allait le plonger au cœur d'une affaire complexe, mettant en jeu des secrets longtemps enfouis dans l'histoire tumultueuse de la Sérénissime.

Ce message mystérieux était déposé à sa porte, glissé sous la forme d'une lettre parfumée. Il la prit entre ses doigts habiles et l'ouvrit avec précaution. À l'intérieur se trouvait un parchemin jauni, couvert d'une écriture élégante et ancienne. Les mots disaient : "Venez à minuit à la Sérénissime Maison. Le destin de Venise est entre vos mains."

Intrigué par ce message énigmatique, Marco Bellini décida de se rendre à la Sérénissime Maison, une demeure vénitienne ancienne et vaste, dont les couloirs étaient emplis de secrets. Minuit sonnait quand il pénétra dans la bâtisse silencieuse, éclairée seulement par la lueur de la lune. Là, il rencontra son énigmatique expéditeur, une femme vêtue de noir, son visage caché sous un voile.

La femme à la robe noire se présenta comme Isabella Conti, l'héritière d'une ancienne famille vénitienne. Elle expliqua à Bellini que sa famille gardait un secret depuis des générations, un secret qui était sur le point d'être découvert. Leur histoire était liée à la fondation de Venise elle-même, une histoire de trahison, de complot et d'amours interdits.

Isabella lui montra un vieux parchemin décrivant une série de meurtres mystérieux qui avaient secoué la ville il y a des siècles. Ces meurtres avaient été attribués à un démon terrifiant qui hantait la Sérénissime Maison. La famille Conti avait gardé ces documents cachés, mais récemment, des événements étranges avaient commencé à se produire. Des ombres inquiétantes se déplaçaient dans les couloirs de la maison, et d'anciens manuscrits avaient disparu.

Marco Bellini, détective chevronné, accepta la mission de résoudre le mystère des meurtres séculaires et de protéger la réputation de la famille Conti. Il se plongea dans les archives de Venise, déterrant des indices oubliés depuis longtemps, et interrogea les habitants les plus anciens de la ville pour obtenir des informations précieuses.

Au fil de son enquête, Bellini découvrit que les meurtres du passé étaient liés à une conspiration complexe qui avait impliqué des membres influents de la société vénitienne. Les conspirateurs avaient utilisé la légende du démon de la Sérénissime Maison pour dissimuler leurs méfaits et éliminer leurs ennemis politiques. Mais qui était le véritable démon derrière ces actes abominables ?

Chaque indice le conduisait plus profondément dans les labyrinthes du passé vénitien, où les alliances secrètes et les trahisons se multipliaient. Bellini devait démêler les fils entrelacés de cette intrigue centenaire pour résoudre le mystère et révéler la vérité cachée depuis si longtemps.

Alors que le Carnaval de Venise approchait, Bellini comprit que c'était le moment propice pour démasquer le coupable. Le Carnaval était la période de l'année où les masques dissimulaient les visages, où les mystères étaient célébrés et où les vérités pouvaient être dévoilées sans susciter de soupçons. Il se glissa parmi les masques et les costumes extravagants, cherchant des indices parmi les fêtards masqués.

Au cours d'une nuit mouvementée de mascarades et d'intrigues, Bellini se trouva face à face avec le démon de la Sérénissime Maison. La confrontation finale révéla une vérité choquante qui ébranla les fondations mêmes de Venise.

À la fin de son enquête, Marco Bellini dévoila la véritable identité du démon et dévoila les conspirateurs qui avaient longtemps manipulé la famille Conti. La révélation choqua Venise et secoua la société vénitienne, mais elle permit de restaurer l'honneur de la famille Conti et de mettre fin à la malédiction qui pesait sur la Sérénissime Maison depuis des siècles.

Le mystère de la Sérénissime Maison était enfin résolu, et Venise pouvait retrouver sa quiétude. Marco Bellini, le détective brillant à l'esprit vif, avait encore une fois triomphé de l'obscurité qui se cachait dans les recoins les plus sombres de la ville.

# The Mystery of the Serene Mansion

In the narrow and winding alleys of Venice, where shadows danced in the moonlight over calm canals, hid a mystery that even the most astute investigators could not have imagined. It was an autumn night when the famous detective Marco Bellini received a cryptic message that would plunge him into the heart of a complex case, involving secrets long buried in the tumultuous history of the Serene Republic.

This mysterious message was left at his doorstep, slipped in the form of a scented letter. He took it in his skillful fingers and opened it with caution. Inside was a yellowed parchment, covered in elegant and ancient handwriting. The words said: "Come to the Serene Mansion at midnight. The fate of Venice is in your hands."

Intrigued by this enigmatic message, Marco Bellini decided to visit the Serene Mansion, an ancient and sprawling Venetian residence, whose hallways were filled with secrets. Midnight struck as he entered the silent building, lit only by the moon's glow. There, he met his mysterious sender, a woman dressed in black, her face hidden beneath a veil.

The woman in the black dress introduced herself as Isabella Conti, the heir of an ancient Venetian family. She explained to Bellini that her family had kept a secret for generations, a secret that was on the verge of being uncovered. Their history was intertwined with the founding of Venice itself, a tale of betrayal, conspiracy, and forbidden love.

Isabella showed him an old parchment describing a series of mysterious murders that had shaken the city centuries ago. These murders had been attributed to a terrifying demon haunting the Serene Mansion. The Conti family had kept these documents hidden, but recently, strange events had begun to occur. Eerie shadows moved through the mansion's corridors, and ancient manuscripts had disappeared.

Marco Bellini, a seasoned detective, accepted the mission to solve the mystery of the centuries-old murders and protect the Conti family's reputation. He delved into Venice's archives, unearthing long-forgotten clues, and interviewed the city's oldest residents for valuable insights.

As his investigation progressed, Bellini discovered that the past murders were linked to a complex conspiracy that had involved influential members of Venetian society. The conspirators had used the legend of the demon of the Serene Mansion to conceal their misdeeds and eliminate their political enemies. But who was the true demon behind these heinous acts?

Every clue led him deeper into the labyrinths of Venetian history, where secret alliances and betrayals abounded. Bellini had to unravel the intertwined threads of this centuries-old intrigue to solve the mystery and reveal the truth hidden for so long.

As the Carnival of Venice approached, Bellini realized it was the opportune time to unmask the culprit. Carnival was the time of year when masks concealed faces, mysteries were celebrated, and truths could be revealed without arousing suspicion. He mingled among the masks and extravagant costumes, searching for clues among the masked revelers.

During a tumultuous night of masquerades and intrigue, Bellini came face to face with the demon of the Serene Mansion. The final confrontation revealed a shocking truth that shook the very foundations of Venice.

At the end of his investigation, Marco Bellini unveiled the true identity of the demon and exposed the conspirators who had long manipulated the Conti family. The revelation shocked Venice and rocked Venetian society, but it restored the honor of the Conti family and ended the curse that had haunted the Serene Mansion for centuries.

The mystery of the Serene Mansion was finally solved, and Venice could regain its tranquility. Marco Bellini, the brilliant detective with a keen mind, had once again triumphed over the darkness lurking in the city's darkest corners.

# Le Voyageur du Temps

Au cœur de la vieille ville de Paris, dans une librairie poussiéreuse et oubliée, un jeune étudiant en histoire nommé Antoine fit une découverte extraordinaire. Alors qu'il fouillait les étagères à la recherche de vieux manuscrits, ses doigts se posèrent sur un livre étrange, couvert de poussière et de toiles d'araignées. Le titre du livre était "Le Voyageur du Temps : Un Journal Mystérieux".

Intrigué, Antoine ouvrit le livre et commença à lire les pages jaunies par le temps. Le journal appartenait à un homme du XIXe siècle, Henri Leclerc, qui prétendait avoir découvert le secret du voyage dans le temps. Les descriptions détaillées des expériences de Leclerc semblaient fantastiques, mais Antoine ne pouvait s'empêcher d'y croire.

Antoine devint obsédé par le journal de Leclerc. Il passa des nuits entières à le déchiffrer et à étudier les schémas et les formules énigmatiques que l'homme du passé avait laissés derrière lui. Il se mit à la recherche d'indices et de preuves de l'existence du voyage dans le temps.

Au fur et à mesure que ses recherches avançaient, Antoine découvrit un groupe secret de chercheurs qui partageaient sa passion pour le voyage temporel. Il les rejoignit et devint rapidement un membre actif de leur communauté. Ensemble, ils commencèrent à expérimenter avec les théories de Leclerc, construisant des machines étranges et élaborant des plans pour explorer le passé.

Après des mois d'efforts acharnés, le groupe de chercheurs réussit enfin à construire une machine temporelle fonctionnelle. C'était une structure complexe de métal, de câbles et de cadrans, ressemblant à quelque chose tout droit sorti d'un roman de science-fiction. Antoine était rempli d'excitation et d'appréhension à l'idée de l'utiliser pour la première fois.

Un soir, alors que la lune brillait dans le ciel nocturne, Antoine et ses compagnons activèrent la machine temporelle. Les cadrans tournèrent, les lumières clignotèrent, et soudain, Antoine se trouva projeté dans le passé. Il se retrouva dans le Paris du XIXe siècle, à une époque où les rues étaient éclairées par des lanternes à gaz et les calèches sillonnaient les rues pavées.

Antoine était émerveillé par la beauté et l'authenticité du Paris du XIXe siècle. Il erra dans les rues étroites, visitant les cafés où les écrivains célèbres se réunissaient et les jardins luxuriants où les aristocrates se promenaient. Il rencontra même Henri Leclerc en personne, l'homme dont le journal l'avait conduit dans le passé.

Leclerc se révéla être un homme fascinant, obsédé par ses recherches sur le voyage dans le temps. Il expliqua à Antoine ses découvertes et ses théories, révélant que la machine temporelle qu'il avait construite était une version primitive de celle d'Antoine. Les deux hommes partagèrent leur passion pour le temps et leurs rêves de découvrir les mystères de l'univers.

Pendant son séjour dans le passé, Antoine découvrit que le voyage dans le temps avait des conséquences imprévues. Les actions qu'il entreprenait dans le passé avaient un impact sur le présent. Des événements historiques semblaient être modifiés, créant une série de paradoxes temporels.

Antoine se rendit compte que son obsession pour le voyage dans le temps avait des répercussions sur sa vie actuelle. Il était de plus en plus déchiré entre son désir de vivre dans le passé et son attachement au présent. Il craignait que ses actions ne déstabilisent l'équilibre temporel et ne provoquent des catastrophes.

Après avoir passé plusieurs mois dans le passé, Antoine réalisa qu'il devait retourner à son époque pour éviter de causer davantage de perturbations temporelles. Avec l'aide de Leclerc, il activa la machine temporelle et se retrouva de nouveau dans le Paris du XXIe siècle.

Cependant, à son retour, Antoine découvrit que le présent avait changé. Des événements historiques majeurs avaient été altérés en raison de ses actions dans le passé. Le monde dans lequel il était revenu était différent de celui qu'il avait connu. Il était confronté à un dilemme moral : devait-il essayer de rétablir le cours du temps ou accepter les conséquences de ses choix ?

Antoine se retrouva pris entre deux époques, hanté par le désir de revenir en arrière pour corriger ses erreurs. Il se mit à la recherche d'une solution pour rétablir le flux temporel, pour restaurer le monde qu'il avait connu.

Finalement, Antoine comprit que le voyage dans le temps était une puissance dangereuse, qu'il ne pouvait pas être utilisé à la légère. Il prit la décision de désactiver la machine temporelle, de la détruire pour empêcher d'autres altérations du temps.

La découverte du journal de Leclerc et l'expérience du voyage dans le temps avaient profondément transformé Antoine. Il avait appris que le passé, le présent et le futur étaient étroitement liés et que chaque action avait des conséquences.

Antoine décida de consacrer sa vie à l'étude de l'histoire, à la préservation du patrimoine culturel et à la compréhension des leçons du passé. Il comprit que le voyage dans le temps n'était pas nécessaire pour comprendre l'importance du temps et de l'histoire.

# The Time Traveler's Quest

In the heart of the old city of Paris, in a dusty and forgotten bookstore, a young history student named Antoine made an extraordinary discovery. As he rummaged through the shelves in search of old manuscripts, his fingers landed on a peculiar book, covered in dust and cobwebs. The title of the book was "The Time Traveler: A Mysterious Journal."

Intrigued, Antoine opened the book and began to read the time-yellowed pages. The journal belonged to a man from the 19th century, Henri Leclerc, who claimed to have discovered the secret of time travel. The detailed descriptions of Leclerc's experiments seemed fantastical, but Antoine couldn't help but believe in them.

Antoine became obsessed with Leclerc's journal. He spent entire nights deciphering it and studying the enigmatic diagrams and formulas the man from the past had left behind. He searched for clues and evidence of the existence of time travel.

As his research progressed, Antoine discovered a secret group of researchers who shared his passion for time travel. He joined them and quickly became an active member of their community. Together, they began experimenting with Leclerc's theories, building strange machines and devising plans to explore the past.

After months of painstaking effort, the group of researchers finally succeeded in building a functional time machine. It was a complex structure of metal, cables, and dials, resembling something straight out of a science fiction novel. Antoine was filled with excitement and apprehension at the prospect of using it for the first time.

One evening, as the moon shone in the night sky, Antoine and his companions activated the time machine. The dials spun, the lights blinked, and suddenly, Antoine found himself thrust into the past. He was in 19th-century Paris, a time when gas lamps lit the streets, and horse-drawn carriages traversed cobblestone roads.

Antoine was awestruck by the beauty and authenticity of 19th-century Paris. He wandered through narrow streets, visited cafes where famous writers gathered, and strolled through lush gardens where aristocrats promenaded. He even met Henri Leclerc in person, the man whose journal had led him to the past.

Leclerc proved to be a fascinating man, obsessed with his research on time travel. He explained to Antoine his discoveries and theories, revealing that the time machine he had built was a primitive version of Antoine's. The two men shared their passion for time and their dreams of uncovering the mysteries of the universe.

During his stay in the past, Antoine realized that time travel had unforeseen consequences. The actions he took in the past had an impact on the present. Historical events seemed to be altered, creating a series of temporal paradoxes.

Antoine understood that his obsession with time travel was affecting his current life. He became increasingly torn between his desire to live in the past and his attachment to the present. He feared that his actions would destabilize the temporal balance and cause disasters.

After spending several months in the past, Antoine realized that he needed to return to his own time to avoid causing further temporal disruptions. With Leclerc's help, he activated the time machine and found himself back in 21st-century Paris.

However, upon his return, Antoine discovered that the present had changed. Major historical events had been altered due to his actions in the past. The world he returned to was different from the one he had known. He faced a moral dilemma: should he try to restore the flow of time or accept the consequences of his choices?

Antoine found himself caught between two eras, haunted by the desire to go back in time to correct his mistakes. He searched for a solution to restore the temporal flow, to bring back the world he had known.

Ultimately, Antoine realized that time travel was a dangerous power, not to be used lightly. He made the decision to deactivate the time machine, to destroy it to prevent further alterations of time.

The discovery of Leclerc's journal and the experience of time travel had profoundly changed Antoine. He had learned that the past, present, and future were closely interconnected and that every action had consequences.

Antoine decided to devote his life to the study of history, to the preservation of cultural heritage, and to understanding the lessons of the past. He understood that time travel was not necessary to grasp the importance of time and history.

# Le Jardin des Étoiles

Dans un petit village niché au creux des montagnes, vivait un jeune garçon nommé Lucien. Depuis son plus jeune âge, Lucien avait été fasciné par le ciel étoilé. Il passait des nuits entières à contempler les étoiles scintillantes, rêvant de toucher les étoiles un jour.

Le village de Lucien était isolé, loin des lumières de la ville, offrant un ciel nocturne d'une beauté incomparable. Chaque nuit, il s'échappait de sa chambre pour s'installer dans un coin tranquille du jardin familial, son télescope à portée de main. Ses parents comprenaient son amour pour les étoiles et l'encourageaient dans sa quête de connaissances célestes.

Un jour, alors qu'il explorait le grenier de sa maison, Lucien découvrit un vieux livre poussiéreux intitulé "Le Jardin des Étoiles." Le livre était rempli de récits sur les constellations, les planètes et les mystères de l'univers. Il avait appartenu à son grand-père, un astronome amateur passionné.

En lisant les pages jaunies, Lucien fut transporté dans un monde d'émerveillement et d'admiration. Il apprit à reconnaître les étoiles et les constellations, à comprendre les phases de la lune et à suivre les mouvements des planètes. Il réalisa que son rêve de toucher les étoiles pouvait devenir une réalité.

Lucien décida de poursuivre son rêve d'explorer l'espace. Il se mit à étudier sérieusement l'astronomie, lisant des livres, suivant des cours en ligne et discutant avec des astronomes professionnels chaque fois qu'il en avait l'occasion. Il économisa chaque centime pour s'acheter un télescope plus puissant.

Finalement, après des années de préparation, Lucien atteignit l'âge de la majorité. Son rêve était devenu une obsession, et il était déterminé à le réaliser. Il décida de faire un voyage au sommet de la montagne voisine, le Pic d'Étoiles, qui était réputé pour offrir les meilleures conditions d'observation du ciel étoilé.

Le soir de son voyage au Pic d'Étoiles, Lucien monta la montagne chargé de son télescope, de son carnet de notes et de sa passion pour les étoiles. Il arriva au sommet au crépuscule, installa son télescope et attendit que la nuit tombe.

Lorsque les étoiles commencèrent à briller dans le ciel, Lucien fut émerveillé par leur beauté. Il identifiait chaque constellation, chaque planète, et notait scrupuleusement leurs positions. La nuit était claire et dégagée, sans la moindre trace de nuage, offrant une vue imprenable sur l'univers.

Alors qu'il observait le ciel, une étoile filante traversa le firmament. Lucien ferma les yeux, fit un vœu secret et se promit de travailler encore plus dur pour réaliser son rêve.

Tout à coup, au beau milieu de sa séance d'observation, Lucien entendit un bruit étrange derrière lui. Il se retourna pour découvrir une silhouette mystérieuse se tenant à quelques pas de son télescope. C'était une jeune femme vêtue de vêtements étranges qui semblaient briller comme les étoiles elles-mêmes.

La femme sourit à Lucien et lui dit : "Je suis Stella, gardienne des étoiles. J'ai entendu ton vœu et je suis venue te rencontrer."

Lucien était émerveillé et incrédule. Il avait du mal à croire que cette rencontre était réelle. Stella expliqua qu'elle avait le pouvoir de voyager à travers les étoiles et qu'elle avait choisi Lucien pour une mission spéciale.

Stella dévoila à Lucien une vision extraordinaire. Elle lui montra un passage secret à travers les étoiles, un chemin vers l'espace lui permettant de voyager au-delà de la Terre. Elle lui dit que son rêve de toucher les étoiles pourrait devenir une réalité s'il acceptait de l'accompagner dans cette aventure.

Lucien, subjugué par l'idée de voyager dans l'espace, accepta la proposition de Stella. Ils montèrent tous deux à bord de sa navette stellaire, une machine éblouissante et sophistiquée capable de traverser la galaxie.

Le voyage dans l'espace avec Stella fut au-delà de toute imagination pour Lucien. Ils explorèrent des planètes lointaines, découvrirent des comètes scintillantes et observèrent des supernovas en éruption. Lucien se sentait vivant comme jamais auparavant, en harmonie avec les étoiles.

Un jour, ils arrivèrent à un endroit extraordinaire, le "Jardin des Étoiles." C'était une oasis d'étoiles brillantes, un lieu où les rêves prenaient forme. Chaque étoile était une fleur lumineuse, chaque planète une parcelle de terre fertile. Lucien comprit que c'était l'endroit où il pourrait enfin toucher les étoiles.

Après avoir passé un temps merveilleux au Jardin des Étoiles, Lucien réalisa qu'il devait retourner sur Terre. Il avait accompli son rêve de toucher les étoiles, mais il savait que son véritable chez-lui était sur la planète bleue.

Stella le ramena sur Terre, et Lucien se retrouva dans son jardin familial, son télescope à ses côtés. Il avait vécu une aventure extraordinaire, mais il savait que sa mission sur Terre n'était pas encore terminée.

De retour parmi les siens, Lucien partagea son incroyable expérience avec sa famille et les habitants du village. Il leur raconta ses voyages à travers les étoiles, le Jardin des Étoiles et sa rencontre avec Stella. Son récit inspira les autres à regarder le ciel avec des yeux émerveillés.

Lucien devint un professeur d'astronomie, enseignant aux enfants du village les mystères du ciel étoilé. Il les emmenait dans son jardin, où ils pouvaient observer les étoiles ensemble, rêvant de toucher les étoiles à leur tour.

---

Lucien vécut le reste de sa vie en partageant sa passion pour l'astronomie et l'amour des étoiles avec les générations futures. Il savait que le voyage dans l'espace avec Stella avait été un don extraordinaire, une expérience qui avait changé sa vie à jamais.

À la fin de sa vie, Lucien s'allongea dans son jardin, regardant les étoiles une dernière fois. Il sourit en se souvenant de son rêve d'enfant et de tout ce qu'il avait accompli. Il savait que son âme rejoindrait les étoiles, où il serait éternellement chez lui.

# The Garden of Stars

In a small village nestled in the mountains, lived a young boy named Lucien. From a young age, Lucien had been fascinated by the starry sky. He spent entire nights gazing at the twinkling stars, dreaming of touching the stars someday.

Lucien's village was isolated, far from the city lights, offering a night sky of unparalleled beauty. Every night, he would sneak out of his room to settle in a quiet corner of the family garden, his telescope within reach. His parents understood his love for the stars and encouraged him in his quest for celestial knowledge.

One day, while exploring the attic of his house, Lucien stumbled upon an old dusty book titled "The Garden of Stars." The book was filled with tales of constellations, planets, and the mysteries of the universe. It had belonged to his grandfather, a passionate amateur astronomer.

As he read the time-yellowed pages, Lucien was transported into a world of wonder and admiration. He learned to recognize stars and constellations, understand the phases of the moon, and track the movements of planets. He realized that his dream of touching the stars could become a reality.

Lucien decided to pursue his dream of exploring space. He began to seriously study astronomy, reading books, taking online courses, and discussing with professional astronomers whenever he had the opportunity. He saved every penny to buy a more powerful telescope.

Finally, after years of preparation, Lucien reached the age of adulthood. His dream had become an obsession, and he was determined to make it come true. He decided to make a journey to the top of the nearby mountain, Star Peak, renowned for offering the best conditions for stargazing.

On the evening of his journey to Star Peak, Lucien climbed the mountain with his telescope, notebook, and his passion for the stars. He arrived at the summit at dusk, set up his telescope, and waited for nightfall.

As the stars began to shine in the sky, Lucien was awestruck by their beauty. He identified every constellation, every planet, and meticulously noted their positions. The night was clear and cloudless, offering an unobstructed view of the universe.

While observing the sky, a shooting star streaked across the firmament. Lucien closed his eyes, made a secret wish, and promised himself to work even harder to fulfill his dream.

Suddenly, in the midst of his stargazing session, Lucien heard a strange noise behind him. He turned to discover a mysterious silhouette standing a few steps away from his telescope. It was a young woman dressed in strange clothes that seemed to shimmer like the stars themselves.

The woman smiled at Lucien and said, "I am Stella, the guardian of the stars. I heard your wish, and I have come to meet you."

Lucien was astonished and incredulous. He found it hard to believe that this encounter was real. Stella explained that she had the power to travel through the stars and that she had chosen Lucien for a special mission.

Stella revealed to Lucien an extraordinary vision. She showed him a secret passage through the stars, a path to space that would allow him to travel beyond Earth. She told him that his dream of touching the stars could become a reality if he agreed to accompany her on this adventure.

Lucien, captivated by the idea of space travel, accepted Stella's proposal. They both boarded her starship, a dazzling and sophisticated machine capable of traversing the galaxy.

The journey through space with Stella was beyond imagination for Lucien. They explored distant planets, discovered shimmering comets, and observed erupting supernovas. Lucien felt more alive than ever before, in harmony with the stars.

One day, they arrived at an extraordinary place, the "Garden of Stars." It was an oasis of bright stars, a place where dreams took shape. Each star was a radiant flower, each planet a fertile patch of land. Lucien realized that this was the place where he could finally touch the stars.

After spending a wonderful time in the Garden of Stars, Lucien realized that he needed to return to Earth. He had fulfilled his dream of touching the stars, but he knew that his true home was on the blue planet.

Stella brought him back to Earth, and Lucien found himself in his family's garden, his telescope by his side. He had lived an extraordinary adventure, but he knew that his mission on Earth was not yet complete.

Back among his people, Lucien shared his incredible experience with his family and the villagers. He told them about his travels through the stars, the Garden of Stars, and his encounter with Stella. His story inspired others to look at the sky with wonder-filled eyes.

Lucien became an astronomy teacher, educating the village's children about the mysteries of the starry sky. He would take them to his garden, where they could observe the stars together, dreaming of touching the stars themselves someday.

Lucien spent the rest of his life sharing his passion for astronomy and the love of the stars with future generations. He knew that his journey through space with Stella had been an extraordinary gift, an experience that had changed his life forever.

At the end of his life, Lucien lay in his garden, looking at the stars one last time. He smiled, remembering his childhood dream and all that he had accomplished. He knew that his soul would join the stars, where he would be eternally at home.

# Le Secret de la Forêt Enchantée

Au cœur d'une vaste forêt, entourée d'arbres majestueux et de mystères, vivait une jeune fille nommée Élise. Elle était une rêveuse, une amoureuse de la nature, et elle passait ses journées à explorer les recoins secrets de la forêt. Élise avait entendu des récits de légendes et de contes sur la forêt enchantée, mais elle n'y avait jamais vraiment cru.

Un jour, alors qu'elle se promenait près d'un ruisseau murmureur, Élise fit une découverte extraordinaire. Sous un vieux chêne tordu, elle découvrit une porte cachée dans la roche. La porte était ornée d'étranges symboles lumineux qui semblaient pulsés doucement. Élise sentit une énergie mystérieuse émanant de cette porte, et elle se demanda où elle pourrait la mener.

Poussée par la curiosité, Élise décida de franchir la porte. Lorsqu'elle posa la main sur la surface froide, les symboles lumineux s'illuminèrent davantage, et la porte s'ouvrit silencieusement. Elle se retrouva alors dans un tunnel obscur, dont les parois semblaient être faites de racines tissées.

Élise marcha à travers le tunnel, guidée par une lueur douce qui émanait du plafond. Plus elle avançait, plus la forêt autour d'elle semblait prendre vie. Les arbres s'étiraient pour former des arches, les feuilles bruissaient avec un doux murmure, et des lucioles dansaient dans l'air.

Lorsque le tunnel déboucha finalement, Élise se trouva au cœur de la forêt enchantée. Les arbres étaient plus grands que tout ce qu'elle avait jamais vu, leurs feuilles scintillant comme des étoiles. Des créatures magiques gambadaient entre les arbres, des papillons aux couleurs chatoyantes virevoltaient dans les airs, et une douce mélodie semblait flotter dans toute la forêt.

Élise était émerveillée par ce monde enchanté. Elle se lia d'amitié avec les créatures magiques et apprit leurs noms. Il y avait Lumi, la fée des lucioles, Maxime, le gardien des arbres, et Flora, la reine des papillons. Ils lui révélèrent que la forêt enchantée était le gardien de secrets anciens et mystérieux.

Les habitants de la forêt enchantée avaient besoin de l'aide d'Élise pour résoudre un mystère qui les avait intrigués depuis des siècles. Il s'agissait du mystère des Quatre Pierres, des gemmes magiques censées être cachées quelque part dans la forêt. Ces pierres avaient le pouvoir de maintenir l'équilibre de la forêt enchantée, mais elles avaient disparu il y a longtemps.

Élise accepta la mission avec enthousiasme. Avec l'aide de ses amis magiques, elle se mit en quête des Quatre Pierres. Ils se lancèrent dans une aventure passionnante à travers la forêt, résolvant des énigmes, surmontant des obstacles et bravant des créatures mystiques.

Leur première destination était la Cascade de l'Aube, un endroit où l'eau scintillait comme des diamants. Selon la légende, la première pierre, appelée Pierre de l'Aube, était cachée derrière la cascade.

Élise et ses amis parvinrent à la cascade après un voyage périlleux. Là, ils découvrirent une grotte secrète derrière la chute d'eau. À l'intérieur de la grotte, ils trouvèrent la Pierre de l'Aube, une gemme resplendissante aux reflets dorés. Elle émettait une lueur chaude et apaisante.

La deuxième pierre, appelée Pierre du Crépuscule, était supposée être cachée dans les profondeurs de la forêt, là où les arbres étaient les plus anciens. Élise et ses amis se lancèrent dans une expédition à travers la forêt ancienne, où les ombres s'étiraient sous le couvert dense des arbres.

Après de nombreuses recherches, ils découvrirent un arbre colossal, dont les racines formaient une porte secrète. Lorsqu'ils l'ouvrirent, ils pénétrèrent dans une clairière mystique, baignée par la lueur du crépuscule. Au centre de la clairière se trouvait la Pierre du Crépuscule, une gemme violette qui brillait comme le ciel du soir.

La troisième pierre, la Pierre de la Nuit, était réputée être cachée dans une grotte profonde et sombre de la forêt enchantée. Élise et ses amis se dirigèrent vers la grotte, équipés de lanternes magiques pour éclairer leur chemin.

Dans la grotte, ils découvrirent des formations de cristaux étincelants qui semblaient émettre une douce lueur bleue. Au bout d'un tunnel sinueux, ils trouvèrent la Pierre de la Nuit, une gemme noire qui brillait comme un ciel étoilé.

La quatrième et dernière pierre, la Pierre de l'Aurore, était réputée être cachée au sommet de la Montagne des Premières

Lueurs, un endroit difficile d'accès. Élise et ses amis entreprirent l'ascension de la montagne escarpée, bravant le vent et le froid.

Après de nombreuses heures d'efforts, ils atteignirent enfin le sommet. Là, ils découvrirent un autel de pierre ancien, où reposait la Pierre de l'Aurore, une gemme d'un rose doux qui semblait capter les premiers rayons du soleil.

Avec les quatre pierres en leur possession, Élise et ses amis retournèrent au cœur de la forêt enchantée. Ils placèrent les gemmes dans un cercle magique, et un éclat puissant illumina la forêt. Les arbres se mirent à chanter une mélodie enjouée, les ruisseaux dansaient de joie, et les créatures magiques applaudissaient.

La forêt enchantée avait retrouvé son équilibre grâce au retour des Quatre Pierres. Élise était honorée d'avoir joué un rôle dans cette aventure extraordinaire.

Après avoir résolu le mystère des pierres magiques, Élise savait qu'il était temps de retourner chez elle. Ses amis magiques l'accompagnèrent jusqu'à la porte secrète qui l'avait conduite à la forêt enchantée. Ils savaient qu'elle devait retrouver sa vie normale, mais ils garderaient toujours une place spéciale dans son cœur.

Élise franchit la porte une dernière fois, se retrouvant à nouveau dans la forêt familière près de chez elle. Elle avait vécu une aventure extraordinaire, mais elle savait que sa place était auprès de sa famille et de sa communauté.

Le Secret de la Forêt Enchantée resterait gravé dans son cœur, une expérience qui lui rappellerait que les mystères et la magie pouvaient se cacher même dans les endroits les plus inattendus.

29

# The Secret of the Enchanted Forest

In the heart of a vast forest, surrounded by majestic trees and mysteries, lived a young girl named Elise. She was a dreamer, a nature lover, and she spent her days exploring the hidden corners of the forest. Elise had heard tales of legends and stories about the enchanted forest, but she had never really believed in them.

One day, while she was walking near a murmuring stream, Elise made an extraordinary discovery. Under an old twisted oak tree, she found a hidden door in the rock. The door was adorned with strange glowing symbols that seemed to pulse gently. Elise felt a mysterious energy emanating from this door, and she wondered where it might lead.

Driven by curiosity, Elise decided to step through the door. When she placed her hand on the cold surface, the glowing symbols lit up even more, and the door silently opened. She found herself in a dark tunnel, with walls that seemed to be woven from roots.

Elise walked through the tunnel, guided by a soft glow coming from the ceiling. The further she went, the more the forest around her seemed to come to life. Trees stretched to form arches, leaves rustled with a soft murmur, and fireflies danced in the air.

When the tunnel finally emerged, Elise found herself in the heart of the enchanted forest. The trees were taller than anything she had ever seen, their leaves sparkling like stars. Magical creatures frolicked among the trees, butterflies with shimmering colors fluttered in the air, and a gentle melody seemed to float throughout the forest.

Elise was in awe of this enchanted world. She befriended the magical creatures and learned their names. There was Lumi, the firefly fairy, Maxime, the guardian of the trees, and Flora, the queen of the butterflies. They revealed to her that the enchanted forest was the keeper of ancient and mysterious secrets.

The inhabitants of the enchanted forest needed Elise's help to solve a mystery that had intrigued them for centuries. It was the mystery of the Four Stones, magical gems said to be hidden somewhere in the forest. These stones had the power to maintain the balance of the enchanted forest, but they had disappeared long ago.

Elise eagerly accepted the mission. With the help of her magical friends, she set out to find the Four Stones. They embarked on an exciting adventure through the forest, solving puzzles, overcoming obstacles, and encountering mystical creatures.

Their first destination was the Dawn Cascade, a place where the water sparkled like diamonds. According to legend, the first stone, called the Dawnstone, was hidden behind the waterfall.

Elise and her friends reached the cascade after a perilous journey. There, they discovered a hidden cave behind the waterfall. Inside the cave, they found the Dawnstone, a resplendent gem with golden hues. It emitted a warm and soothing glow.

The second stone, known as the Twilightstone, was said to be hidden deep within the forest, where the trees were the oldest. Elise and her friends embarked on an expedition through the ancient forest, where shadows stretched beneath the dense tree canopy.

After much searching, they stumbled upon a colossal tree, whose roots formed a hidden door. When they opened it, they entered a mystical glade bathed in twilight's glow. At the center of the glade lay the Twilightstone, a violet gem that shimmered like the evening sky.

The third stone, the Nightstone, was rumored to be hidden in a deep and dark cave within the enchanted forest. Elise and her friends made their way to the cave, equipped with magical lanterns to light their way.

Inside the cave, they discovered formations of glistening crystals that seemed to emit a soft blue glow. At the end of a winding tunnel, they found the Nightstone, a black gem that sparkled like a starry night sky.

The fourth and final stone, the Dawnstone, was believed to be hidden at the summit of the Mountain of First Light, a challenging place to reach. Elise and her friends embarked on the arduous ascent of the steep mountain, braving the wind and cold.

After many hours of effort, they finally reached the summit. There, they discovered an ancient stone altar, upon which rested the Dawnstone, a gem of gentle pink that seemed to capture the first rays of the sun.

With the four stones in their possession, Elise and her friends returned to the heart of the enchanted forest. They placed the gems in a magical circle, and a powerful light illuminated the forest. The trees began to sing a joyful melody, streams danced with joy, and the magical creatures applauded.

The enchanted forest had regained its balance thanks to the return of the Four Stones. Elise was honored to have played a role in this extraordinary adventure.

After solving the mystery of the magical stones, Elise knew it was time to return home. Her magical friends accompanied her to the secret door that had led her to the enchanted forest. They knew she had to resume her normal life, but they would always hold a special place in her heart.

Elise stepped through the door one last time, finding herself once again in the familiar forest near her home. She had experienced an extraordinary adventure, but she knew her place was with her family and her community.

The Secret of the Enchanted Forest would remain etched in her heart, a reminder that mysteries and magic could be hidden even in the most unexpected places.

# L'Énigme du Manoir Maudit

La pluie tombait en fines gouttes sur les rues sombres de Paris. Le vent soufflait à travers les ruelles étroites, apportant avec lui une sensation de mystère. Dans son petit appartement, le détective privé Pierre Durand examinait une lettre énigmatique qu'il avait reçue ce matin-là. Elle était écrite sur un papier ancien, et l'encre semblait avoir été déposée avec une plume antique.

Le contenu de la lettre était des plus intrigants. Elle provenait d'une femme nommée Éléonore de Montcalm, héritière d'un vaste domaine situé en Normandie. Elle implorait l'aide de Pierre Durand pour résoudre un mystère qui hantait sa famille depuis des générations.

La lettre parlait d'une malédiction qui pesait sur le manoir ancestral des Montcalm. Chaque première nuit de l'automne, un événement tragique se produisait dans le manoir, laissant derrière lui la mort et le désespoir. Éléonore était déterminée à percer le secret de cette malédiction, et elle avait besoin de l'expertise du détective.

Pierre Durand était intrigué. Il était connu pour sa capacité à résoudre les énigmes les plus complexes, et cette lettre semblait le défier. Sans plus attendre, il décida de se rendre en Normandie pour rencontrer Éléonore de Montcalm et enquêter sur le mystère du manoir maudit.

Le voyage en train jusqu'en Normandie fut long et pluvieux. À son arrivée, Pierre Durand fut accueilli par un paysage pittoresque de champs verdoyants et de collines vallonnées. Le manoir des Montcalm se dressait au sommet d'une colline, entouré d'une forêt dense.

En rencontrant Éléonore, Pierre fut frappé par sa beauté mystérieuse. Ses yeux étaient empreints de tristesse, et ses gestes semblaient empreints de gravité. Elle l'invita à entrer dans le manoir, une imposante bâtisse aux murs de pierre grise et aux fenêtres aux volets clos.

Dès qu'il franchit le seuil du manoir, Pierre ressentit une étrange atmosphère. Les couloirs étaient plongés dans l'obscurité, et une odeur de renfermé flottait dans l'air. Éléonore le guida à travers les sombres couloirs jusqu'à une pièce éclairée par la lumière des bougies.

Dans la salle éclairée, Pierre Durand découvrit une grande table de bois recouverte de vieux parchemins, de documents jaunis par le temps et de livres poussiéreux. Éléonore expliqua que ces documents étaient le fruit de nombreuses recherches effectuées par sa famille pour percer le mystère de la malédiction.

Elle lui raconta comment, chaque année, le même événement tragique se répétait. Un cri déchirant retentissait dans les couloirs du manoir, suivi du bruit d'un objet lourd tombant au sol. Lorsque les membres de la famille se précipitaient pour découvrir la source du cri, ils ne trouvaient que des portes closes, des fenêtres verrouillées et aucun signe de vie.

Le détective fut convaincu que quelque chose d'extraordinaire se cachait derrière ces mystérieux événements. Il décida de passer la nuit dans le manoir pour enquêter sur la malédiction.

La première nuit au manoir fut calme. Pierre Durand se prépara mentalement à affronter l'inconnu. Il se tint prêt, son regard scrutant chaque ombre, chaque recoin du manoir. Mais rien ne se passa.

Au matin, Éléonore sembla soulagée. Elle pensait que peut-être, la malédiction avait finalement pris Cependant, Pierre savait que les énigmes les plus complexes prenaient souvent du temps à se dévoiler.

Pierre décida de commencer ses recherches en explorant la vaste bibliothèque du manoir. Les étagères regorgeaient de livres anciens, de manuscrits et de journaux de famille. Il passa des heures à étudier chaque document, cherchant des indices sur l'origine de la malédiction.

C'est dans un vieux grimoire de la famille Montcalm qu'il trouva sa première piste. Le grimoire contenait des notes cryptiques sur des rituels et des pratiques occultes. Il mentionnait également un ancien membre de la famille, Antoine de Montcalm, qui avait été accusé de sorcellerie au XVIIe siècle.

Pierre comprit que la clé du mystère résidait peut-être dans le passé sombre de la famille Montcalm. Il décida de fouiller davantage les archives familiales pour découvrir ce qui avait pu déclencher la malédiction.

Alors qu'il parcourait les couloirs du manoir, Pierre entendit des murmures provenant de la chapelle adjacente. Il s'approcha silencieusement et découvrit une ombre sombre se mouvant devant l'autel. La silhouette semblait flotter dans l'air, éthérée et mystérieuse.

Le détective s'approcha avec précaution et reconnut la forme d'un homme en habits anciens. C'était le fantôme d'Antoine de Montcalm, l'ancêtre accusé de sorcellerie. Le spectre semblait tourmenté, murmurant des mots inintelligibles et agitant les bras de manière frénétique.

Pierre essaya de communiquer avec le fantôme, mais il ne reçut que des réponses vagues et incompréhensibles. Cependant, il comprit que le passé d'Antoine était lié à la malédiction qui pesait sur le manoir.

Pour comprendre l'origine de la malédiction, Pierre décida de se plonger plus profondément dans le passé de la famille Montcalm. Il découvrit un journal intime d'Antoine de Montcalm, caché dans un compartiment secret de la bibliothèque.

Le journal racontait l'histoire d'Antoine et de son obsession pour les arts occultes. Il avait tenté de maîtriser des forces mystérieuses pour gagner la richesse et le pouvoir. Cependant, ses expériences avaient mal tourné, et il avait invoqué des entités maléfiques.

La communauté locale avait découvert ses pratiques et l'avait accusé de sorcellerie. Antoine de Montcalm avait été condamné à la pendaison sur la colline derrière le manoir, une exécution brutale qui avait marqué la famille Montcalm à jamais.

Pierre Durand comprit que la malédiction était liée à l'âme tourmentée d'Antoine, condamné à errer éternellement dans le manoir. Pour mettre fin à la malédiction, il devait trouver un moyen de libérer l'âme d'Antoine et de réparer les erreurs du passé.

Avec l'aide d'Éléonore, Pierre prépara une cérémonie de libération dans la chapelle du manoir. Ils espéraient que cela permettrait à l'âme tourmentée d'Antoine de trouver enfin la paix.

La nuit tomba, et la chapelle s'emplissait d'une atmosphère mystique. Pierre récita des incantations anciennes, tandis qu'Éléonore allumait des bougies sacrées. Soudain, l'ombre d'Antoine apparut devant l'autel, agitée et tourmentée.

Pierre adressa des paroles de réconciliation à l'âme d'Antoine, reconnaissant les erreurs du passé et exprimant le désir de réparation. Lentement, l'âme d'Antoine commença à se calmer, et l'ombre du fantôme s'estompa doucement jusqu'à disparaître complètement.

Le lendemain matin, une lumière douce et apaisante baignait le manoir des Montcalm. Pierre Durand savait que la malédiction avait enfin été brisée. Éléonore était soulagée de voir que sa famille pouvait enfin vivre en paix.

Le détective décida de quitter le manoir, ayant accompli sa mission. Il était convaincu que les secrets du passé ne devaient pas être oubliés, mais plutôt pardonnés. Il laissa derrière lui un manoir désormais libéré de ses sombres tourments.

Pierre Durand retourna à Paris, laissant derrière lui le manoir maudit et les mystères qui l'avaient envoûté. Il savait que le monde était rempli de mystères insondables, de secrets enfouis dans les pages de l'histoire, attendant d'être découverts par des esprits curieux.

Pour Pierre Durand, chaque énigme était une invitation à explorer les recoins les plus sombres de l'âme humaine et à révéler la lumière qui pouvait briller même dans les ténèbres les plus profondes.

# The Enigma of the Cursed Manor

Rain fell in fine drops on the dark streets of Paris. The wind blew through narrow alleys, carrying with it a sense of mystery. In his small apartment, private detective Pierre Durand examined an enigmatic letter he had received that morning. It was written on aged paper, and the ink seemed to have been applied with an antique quill.

The content of the letter was most intriguing. It came from a woman named Éléonore de Montcalm, heiress to a vast estate in Normandy. She implored Pierre Durand's help to solve a mystery that had haunted her family for generations.

The letter spoke of a curse that weighed upon the Montcalm ancestral manor. Every first night of autumn, a tragic event occurred in the manor, leaving death and despair in its wake. Éléonore was determined to uncover the secret of this curse and needed the detective's expertise.

Pierre Durand was intrigued. He was known for his ability to solve the most complex puzzles, and this letter seemed to challenge him. Without further ado, he decided to travel to Normandy to meet Éléonore de Montcalm and investigate the mystery of the cursed manor.

The train journey to Normandy was long and rainy. Upon arrival, Pierre Durand was greeted by a picturesque landscape of green fields and rolling hills. The Montcalm manor stood atop a hill, surrounded by dense forest.

Upon meeting Éléonore, Pierre was struck by her mysterious beauty. Her eyes carried a sadness, and her gestures seemed imbued with gravity. She invited him to enter the manor, an imposing structure with gray stone walls and shuttered windows.

As soon as he crossed the threshold of the manor, Pierre felt a strange atmosphere. The corridors were shrouded in darkness, and a musty odor lingered in the air. Éléonore guided him through the dim hallways to a room illuminated by candlelight.

In the lit room, Pierre Durand discovered a large wooden table covered with old parchments, time-yellowed documents, and dusty books. Éléonore explained that these documents were the result of extensive research conducted by her family to unravel the mystery of the curse.

She told him how, every year, the same tragic event repeated itself. A piercing scream echoed through the manor's corridors, followed by the sound of a heavy object crashing to the floor. When family members rushed to discover the source of the cry, they found only locked doors, sealed windows, and no sign of life.

The detective was convinced that something extraordinary hid behind these mysterious events. He decided to spend the night in the manor to investigate the curse.

The first night in the manor was calm. Pierre Durand mentally prepared himself to face the unknown. He remained vigilant, his gaze scanning every shadow, every corner of the manor. But nothing happened.

By morning, Éléonore seemed relieved. She thought that perhaps the curse had finally ended. However, Pierre knew that the most complex mysteries often took time to unfold.

Pierre decided to begin his research by exploring the extensive library of the manor. The shelves were filled with ancient books, manuscripts, and family journals. He spent hours studying each document, searching for clues about the origin of the curse.

It was in an old Montcalm family grimoire that he found his first lead. The grimoire contained cryptic notes about rituals and occult practices. It also mentioned an ancient family member, Antoine de Montcalm, who had been accused of witchcraft in the 17th century.

Pierre realized that the key to the mystery might lie in the dark past of the Montcalm family. He decided to delve further into the family archives to uncover what could have triggered the curse.

While wandering through the manor's corridors, Pierre heard murmurs coming from the adjacent chapel. He approached quietly and discovered a dark figure moving in front of the altar. The silhouette appeared to float in the air, ethereal and mysterious.

The detective approached cautiously and recognized the form of a man in ancient attire. It was the ghost of Antoine de Montcalm, the ancestor accused of witchcraft. The specter seemed tormented, muttering unintelligible words and waving its arms frantically.

Pierre tried to communicate with the ghost, but he received only vague and incomprehensible responses. However, he understood that Antoine's past was connected to the curse that plagued the manor.

To understand the origin of the curse, Pierre decided to delve deeper into the Montcalm family's past. He discovered Antoine de Montcalm's personal journal, hidden in a secret compartment in the library.

The journal recounted Antoine's story and his obsession with the occult arts. He had attempted to harness mysterious forces to gain wealth and power. However, his experiments had gone awry, and he had summoned malevolent entities.

The local community had discovered his practices and accused him of witchcraft. Antoine de Montcalm had been sentenced to hanging on the hill behind the manor, a brutal execution that had haunted the Montcalm family forever.

Pierre Durand realized that the curse was linked to Antoine's tormented soul, condemned to wander eternally within the manor. To end the curse, he had to find a way to free Antoine's soul and make amends for the past.

With Éléonore's help, Pierre prepared a liberation ceremony in the manor's chapel. They hoped it would allow Antoine's tormented soul to find peace at last.

Night fell, and the chapel filled with a mystical atmosphere. Pierre recited ancient incantations while Éléonore lit sacred candles. Suddenly, the shadow of Antoine appeared before the altar, agitated and tormented.

Pierre addressed words of reconciliation to Antoine's soul, acknowledging the mistakes of the past and expressing a desire for redemption. Slowly, Antoine's soul began to calm, and the ghostly figure faded gently until it disappeared completely.

The following morning, a gentle and soothing light bathed the Montcalm manor. Pierre Durand knew that the curse had finally been broken. Éléonore was relieved to see that her family could finally live in peace.

The detective decided to leave the manor, having completed his mission. He was convinced that the secrets of the past should not be forgotten but forgiven. He left behind a manor now freed from its dark torments.

Pierre Durand returned to Paris, leaving behind the cursed manor and the mysteries that had enthralled him. He knew that the world was filled with unfathomable mysteries, secrets buried within the pages of history, waiting to be discovered by curious minds.

For Pierre Durand, every enigma was an invitation to explore the darkest corners of the human soul and to reveal the light that could shine even in the deepest darkness.

# Le Secret de la Montagne Étoilée

Au cœur d'une vallée isolée, entourée de montagnes majestueuses, se trouvait un petit village nommé Étoilé. Le nom du village venait des légendes qui racontaient que les étoiles brillaient plus intensément au-dessus de cette vallée. C'était un endroit paisible où les habitants vivaient en harmonie avec la nature.

Un soir, alors que les étoiles commençaient à scintiller dans le ciel, une étrange lueur apparut sur la plus haute montagne qui surplombait le village. C'était une lumière mystérieuse, jamais vue auparavant. Les habitants du village observaient avec émerveillement cette étoile terrestre qui semblait descendre de la montagne.

Léna, une jeune femme du village, était fascinée par la lumière qui brillait sur la montagne. Elle décida de partir en quête de la source de cette lumière énigmatique. Elle se prépara pour un voyage périlleux, rassemblant des provisions, une carte dessinée à la main, et la détermination dans son cœur.

Au petit matin, Léna quitta le village et commença son ascension de la montagne. La route était raide, parsemée d'obstacles, mais elle était déterminée à découvrir le secret de la lumière étoilée. Elle escalada pendant des jours, traversant des forêts denses, des rivières tumultueuses et des sommets enneigés.

Après des semaines d'efforts, Léna atteignit enfin le sommet de la montagne. Là, elle découvrit une caverne cachée derrière un rideau d'arbres. À l'intérieur de la caverne, elle fut accueillie par un vieil homme, le gardien de la montagne.

Le gardien avait une longue barbe blanche et des yeux étincelants comme les étoiles. Il lui parla d'une ancienne légende, celle de la Montagne Étoilée. Il expliqua que la lumière qui brillait était le reflet d'une étoile lointaine qui était tombée du ciel il y a des siècles.

Il confia à Léna la mission de protéger cette étoile terrestre et de veiller à ce qu'elle ne soit jamais utilisée à des fins maléfiques. Léna accepta avec humilité cette tâche sacrée et décida de rester dans la caverne pour veiller sur l'étoile.

Les années passèrent, et Léna devint la gardienne de l'Étoile Étoilée. Elle découvrit que l'étoile avait des pouvoirs extraordinaires. Elle pouvait guérir les maladies, apporter la fertilité aux terres et accorder la sagesse à ceux qui la consultaient.

Le village Étoilé prospéra grâce aux bénédictions de l'étoile. Les habitants venaient souvent consulter Léna pour recevoir sa guidance et son aide. Le village devint un lieu de paix et de sérénité, et les gens vivaient en harmonie avec la nature.

Cependant, la renommée de l'étoile se répandit bien au-delà des frontières du village Étoilé. Des gens avides de pouvoir entendirent parler de ses pouvoirs et vinrent à la montagne dans l'espoir de s'en emparer. Ils étaient prêts à tout pour posséder l'étoile.

Léna fut confrontée à une décision difficile. Elle devait protéger
l'étoile de ceux qui voulaient l'exploiter à des fins égoïstes. Elle
utilisa ses pouvoirs pour créer des illusions, dissimulant l'entrée
de la caverne et rendant la montagne presque inaccessible.

Elle se tint en garde contre ceux qui cherchaient à s'approcher de
la montagne, les avertissant des conséquences de leurs actes. Mais
la tentation du pouvoir était puissante, et certains ne reculèrent
devant rien pour s'emparer de l'étoile.

Un jour, un homme appelé Viktor, doté de pouvoirs mystiques,
parvint à franchir les illusions de Léna et à atteindre la caverne de
l'Étoile Étoilée. Il était persuadé que l'étoile pouvait lui donner
un pouvoir absolu sur le monde.

Léna se retrouva face à un dilemme. Elle ne voulait pas utiliser
la magie de l'étoile pour faire du mal, mais elle ne pouvait pas
non plus laisser Viktor s'emparer de son pouvoir. Elle décida de
mettre Viktor à l'épreuve.

Elle lui proposa un défi, un voyage à travers les éléments de la
nature. Viktor devait traverser la forêt dense, gravir la montagne
enneigée et traverser la rivière impétueuse. S'il réussissait ces
épreuves avec un cœur pur, il pourrait utiliser les pouvoirs de
l'étoile pour le bien de tous. Sinon, il serait banni de la montagne
à jamais.

Viktor accepta le défi de Léna avec confiance. Il entreprit le
voyage à travers les éléments de la nature, affrontant des épreuves
qui mettaient à l'épreuve sa détermination et sa volonté. La forêt
dense était pleine de pièges, la montagne enneigée exigeait une

endurance inébranlable, et la rivière impétueuse menaçait de l'emporter.

Finalement, Viktor atteignit le sommet de la montagne. Léna l'attendait là-bas, scrutant son âme. Elle pouvait voir dans ses yeux la vérité de son cœur. Viktor était épuisé mais déterminé.

Léna lui posa une question simple : "Pourquoi voulez-vous le pouvoir de l'étoile ?" La réponse de Viktor fut empreinte de sincérité. Il voulait utiliser ce pouvoir pour guider les gens, pour apporter la paix et la prospérité, et non pour assouvir son désir de domination.

Impressionnée par la sincérité de Viktor, Léna décida de lui accorder l'accès aux pouvoirs de l'étoile. Elle lui transmit la sagesse de l'Étoile Étoilée, lui rappelant la responsabilité qui accompagnait ces dons extraordinaires.

Viktor retourna dans le monde extérieur en tant que gardien de l'étoile, prêt à utiliser ses pouvoirs pour le bien de tous. Il contribua à répandre la sagesse de l'étoile, enseignant aux gens l'importance de vivre en harmonie avec la nature et les uns avec les autres.

Le village Étoilé continua de prospérer, mais il partagea désormais sa lumière avec le reste du monde. Léna avait accompli sa mission en protégeant l'étoile et en enseignant la valeur de la sagesse et de la générosité.

Après des années passées en tant que gardienne de l'étoile, Léna sentit que son propre voyage touchait à sa Elle savait que son temps était venu de retourner au village Étoilé.

Lorsqu'elle descendit de la montagne, elle fut accueillie par les habitants du village avec une grande joie. Elle partagea avec eux les enseignements de l'étoile et les leçons qu'elle avait apprises tout au long de son voyage.

Le village Étoilé célébra le retour de Léna avec une grande fête sous les étoiles. Les gens se sentaient bénis d'avoir une gardienne si sage et généreuse.

Léna vécut le reste de ses jours parmi les habitants du village Étoilé, transmettant la sagesse de l'étoile aux générations futures. Lorsque son temps fut venu de partir de ce monde, son esprit rejoignit l'étoile, devenant une partie de sa lumière éternelle.

La légende de la Montagne Étoilée perdura à travers les âges, rappelant aux gens l'importance de vivre en harmonie avec la nature et de partager la sagesse et la générosité avec le monde.

# The Secret of the Starry Mountain

In the heart of an isolated valley, surrounded by majestic mountains, there was a small village named Starry. The village's name came from legends that told of stars shining more brightly above this valley. It was a peaceful place where the inhabitants lived in harmony with nature.

One evening, as the stars began to twinkle in the sky, a strange glow appeared on the highest mountain overlooking the village. It was a mysterious light, never seen before. The villagers gazed in wonder at this earthly star that seemed to descend from the mountain.

Lena, a young woman from the village, was fascinated by the light shining on the mountain. She decided to embark on a quest to find the source of this enigmatic light. She prepared for a perilous journey, gathering provisions, a hand-drawn map, and determination in her heart.

At dawn, Lena left the village and began her ascent of the mountain. The road was steep, filled with obstacles, but she was determined to uncover the secret of the starry light. She climbed for days, crossing dense forests, tumultuous rivers, and snow-covered peaks.

After weeks of effort, Lena finally reached the mountain's summit. There, she discovered a hidden cave behind a curtain of trees. Inside the cave, she was greeted by an old man, the guardian of the mountain.

The guardian had a long white beard and eyes that sparkled like stars. He told her of an ancient legend, that of the Starry Mountain. He explained that the light that shone was the reflection of a distant star that had fallen from the sky centuries ago.

He entrusted Lena with the mission to protect this earthly star and ensure that it was never used for malevolent purposes. Lena humbly accepted this sacred task and decided to remain in the cave to watch over the star.

Years passed, and Lena became the guardian of the Starry Star. She discovered that the star had extraordinary powers. It could heal illnesses, bring fertility to the lands, and grant wisdom to those who sought it.

The Starry Village thrived thanks to the blessings of the star. The inhabitants often came to consult Lena for guidance and assistance. The village became a place of peace and serenity, and people lived in harmony with nature.

However, the fame of the star spread far beyond the borders of the Starry Village. Greedy individuals heard of its powers and came to the mountain hoping to seize it. They were willing to do anything to possess the star.

Lena faced a difficult decision. She had to protect the star from those who sought to exploit it for selfish purposes. She used her powers to create illusions, concealing the entrance to the cave and making the mountain nearly inaccessible.

She warned those who tried to approach the mountain of the consequences of their actions. But the temptation of power was strong, and some stopped at nothing to take hold of the star.

One day, a man named Viktor, endowed with mystical powers, managed to break through Lena's illusions and reach the cave of the Starry Star. He was convinced that the star could give him absolute power over the world.

Lena faced a dilemma. She didn't want to use the star's magic for harm, but she couldn't let Viktor take its power either. She decided to put Viktor to the test.

She offered him a challenge, a journey through the elements of nature. Viktor had to traverse the dense forest, climb the snow-covered mountain, and cross the rushing river. If he succeeded in these trials with a pure heart, he could use the star's powers for the greater good. Otherwise, he would be banished from the mountain forever.

Viktor accepted Lena's challenge with confidence. He embarked on the journey through the elements of nature, facing trials that tested his determination and willpower. The dense forest was full of traps, the snow-covered mountain demanded unwavering endurance, and the rushing river threatened to sweep him away.

Ultimately, Viktor reached the summit of the mountain. Lena awaited him there, examining his soul. She could see the truth of his heart in his eyes. Viktor was exhausted but determined.

Lena asked him a simple question: "Why do you want the power of the star?" Viktor's answer was sincere. He wanted to use this power to guide people, to bring peace and prosperity, not to satisfy his desire for dominance.

Impressed by Viktor's sincerity, Lena decided to grant him access to the star's powers. She imparted to him the wisdom of the Starry Star, reminding him of the responsibility that came with these extraordinary gifts.

Viktor returned to the outside world as the guardian of the star, ready to use its powers for the greater good of all. He helped spread the wisdom of the star, teaching people the importance of living in harmony with nature and with one another.

The Starry Village continued to thrive, but now it shared its light with the rest of the world. Lena had fulfilled her mission by protecting the star and teaching the value of wisdom and generosity.

After years as the guardian of the star, Lena felt that her own journey was coming to an end. She knew that her time had come to return to the Starry Village.

As she descended from the mountain, she was welcomed by the villagers with great joy. She shared with them the teachings of the star and the lessons she had learned throughout her journey.

The Starry Village celebrated Lena's return with a grand feast under the stars. People felt blessed to have such a wise and generous guardian.

Lena spent the rest of her days among the inhabitants of the Starry Village, passing on the wisdom of the star to future generations. When her time came to leave this world, her spirit joined the star, becoming a part of its eternal light.

The legend of the Starry Mountain endured through the ages, reminding people of the importance of living in harmony with nature and sharing wisdom and generosity with the world.

# Le Mystère des Montagnes

———

Au cœur des montagnes françaises, nichée entre les vallées luxuriantes et les sommets enneigés, se trouvait une petite auberge pittoresque appelée "L'Auberge des Montagnes." C'était un refuge chaleureux pour les voyageurs fatigués et les amoureux de la nature.

Le propriétaire de l'auberge, Pierre, était un homme tranquille qui avait toujours vécu dans ces montagnes. Il avait hérité de l'auberge de ses parents et y avait consacré sa vie. Son visage était marqué par les années, mais ses yeux pétillaient toujours d'une lueur d'excitation à l'idée d'accueillir de nouveaux invités.

Un jour d'hiver, alors que la neige tombait doucement à l'extérieur, un étranger entra dans l'auberge. Il était vêtu de vêtements usés par le voyage, et son visage était marqué par la fatigue. Il demanda une chambre pour la nuit et un repas chaud pour réchauffer son corps engourdi par le froid.

Pierre accueillit l'étranger avec gentillesse et l'installa près de la cheminée crépitante. Alors que l'homme savourait une soupe chaude, Pierre remarqua qu'il semblait préoccupé, comme s'il portait un lourd fardeau sur ses épaules.

Curieux, Pierre s'approcha de l'homme et lui demanda s'il souhaitait partager son histoire. L'étranger hésita un moment, puis décida de confier son secret à l'hôte attentionné.

Il se présenta comme Jacques et expliqua qu'il était un chercheur en archéologie. Il avait entendu parler d'une ancienne légende des montagnes, une histoire de trésor perdu depuis des siècles. Jacques était convaincu que cette légende était plus qu'un simple conte de fées et qu'il pourrait trouver le trésor.

Jacques raconta à Pierre la légende du trésor des montagnes. Selon la vieille histoire, il y avait des générations de cela, un roi avait caché sa richesse dans les profondeurs des montagnes pour la protéger des envahisseurs. On disait que le trésor était gardé par des esprits des montagnes, et seule une âme pure pouvait le trouver.

Au fil des années, la légende était devenue une histoire que l'on racontait aux enfants pour les impressionner, mais Jacques croyait en sa réalité. Il avait découvert des indices anciens qui semblaient confirmer l'existence du trésor, et il était venu dans les montagnes pour résoudre le mystère.

Pierre écouta attentivement l'histoire de Jacques, puis posa une question qui pesait sur son esprit : "Pourquoi avoir choisi notre petite auberge pour commencer votre quête ?"

Jacques répondit avec un sourire mystérieux. Il expliqua qu'au cours de ses recherches, il avait découvert un ancien manuscrit qui mentionnait une clé spéciale nécessaire pour ouvrir l'accès au trésor caché dans les montagnes. La clé était décrite comme un objet unique, sculpté à partir d'un cristal de montagne rare.

L'énigme du manuscrit disait que la clé se trouvait entre les mains de quelqu'un qui vivait dans les montagnes, quelqu'un dont l'âme était aussi pure que les cristaux qui l'entouraient. Jacques avait suivi les indices et les rumeurs jusqu'à ce qu'il arrive à "L'Auberge des Montagnes."

Il croyait que la clé était liée à cet endroit et espérait trouver la personne qui la détenait. Il était convaincu que Pierre ou l'un de ses invités pouvait être la clé de l'énigme.

Pierre était intrigué par l'histoire de Jacques et par le mystère qui planait dans l'air. Il se demanda s'il pouvait être la personne désignée pour aider Jacques à trouver le trésor.

Le lendemain matin, Jacques et Pierre se lancèrent dans une quête dans les montagnes. Ils escaladèrent les sentiers escarpés, traversèrent les ruisseaux gelés et explorèrent des grottes cachées à la recherche de la clé de cristal.

La nature sauvage et majestueuse des montagnes les entourait, créant une atmosphère à la fois mystique et envoûtante. Jacques parlait souvent des légendes des montagnes, des histoires d'esprits bienveillants et de créatures magiques qui veillaient sur ces lieux.

Alors que leur quête se poursuivait, Jacques et Pierre se rapprochaient de la vérité. Ils découvrirent une grotte cachée derrière une cascade rugissante, un endroit d'une beauté à couper le souffle. À l'intérieur, ils trouvèrent une petite ouverture dans la roche.

C'était là que Jacques pensait que la clé de cristal pourrait se trouver. Ils examinèrent chaque recoin de la grotte, cherchant des indices, des symboles ou tout signe d'une présence antique.

L'endroit semblait chargé d'énergie, comme s'il attendait depuis des siècles le moment où quelqu'un serait digne de le découvrir.

Pierre commença à ressentir un profond respect pour les montagnes et pour la quête de Jacques. Il savait que ce mystère avait le pouvoir de changer la vie de ceux qui le cherchaient, mais il se demandait toujours s'il était réellement la clé nécessaire pour ouvrir le trésor.

Alors que Jacques et Pierre poursuivaient leur exploration de la grotte, une lumière douce se mit à briller dans un coin obscur. Pierre s'approcha avec précaution et découvrit un cristal de montagne éblouissant, sculpté en forme de clé.

Il avait l'impression que le cristal le choisissait, comme s'il sentait la pureté de son âme et sa détermination à résoudre le mystère. Pierre prit délicatement la clé de cristal entre ses mains tremblantes, et il sentit une énergie étrange et puissante qui circulait à travers lui.

Jacques regarda Pierre avec émerveillement. Il savait que son instinct avait été juste, que Pierre était la clé de l'énigme depuis le début. Ils étaient venus aux montagnes pour trouver un trésor, mais ce qu'ils avaient trouvé était bien plus précieux : la compréhension du pouvoir de la nature et de la pureté de l'âme.

La quête du trésor des montagnes s'était achevée, mais elle avait ouvert une nouvelle aventure pour Jacques et Pierre. Ils avaient découvert que le trésor n'était pas fait d'or ou de bijoux, mais de la beauté de la nature, de l'harmonie des montagnes et de la puissance de l'âme pure.

Pierre décida de retourner à "L'Auberge des Montagnes" et de partager cette découverte avec ses invités. Il savait que le véritable trésor des montagnes était la sérénité qu'elles apportaient à ceux qui s'y aventuraient.

La petite auberge devint un lieu de retraite pour les âmes en quête de paix et de connexion avec la nature. Jacques décida de rester dans les montagnes pour continuer ses recherches sur les légendes et les mystères de ces lieux enchantés.

Ensemble, ils avaient trouvé bien plus qu'ils n'avaient jamais imaginé, et ils savaient que leur lien avec les montagnes ne se briserait jamais.

# The Mystery of the Mountains

In the heart of the French mountains, nestled between lush valleys and snow-capped peaks, stood a picturesque little inn called "The Inn of the Mountains." It was a cozy refuge for tired travelers and nature enthusiasts.

The inn's owner, Pierre, was a quiet man who had always lived in these mountains. He had inherited the inn from his parents and had dedicated his life to it. His face bore the marks of years, but his eyes still sparkled with excitement at the thought of welcoming new guests.

One winter day, as snow gently fell outside, a stranger entered the inn. He was dressed in travel-worn clothes, and his face showed signs of fatigue. He requested a room for the night and a hot meal to warm his cold body.

Pierre welcomed the stranger with kindness and seated him by the crackling fireplace. As the man savored a hot soup, Pierre noticed that he seemed troubled, as if he carried a heavy burden on his shoulders.

Curious, Pierre approached the man and asked if he wished to share his story. The stranger hesitated for a moment, then decided to confide his secret in the attentive host.

He introduced himself as Jacques and explained that he was an archaeologist. He had heard of an ancient mountain legend, a tale of a treasure lost for centuries. Jacques was convinced that this legend was more than just a fairy tale and that he could find the treasure.

Jacques recounted to Pierre the legend of the mountain treasure. According to the old tale, generations ago, a king had hidden his wealth deep within the mountains to protect it from invaders. It was said that the treasure was guarded by mountain spirits, and only a pure soul could find it.

Over the years, the legend had become a story told to children to impress them, but Jacques believed in its reality. He had discovered ancient clues that seemed to confirm the existence of the treasure, and he had come to the mountains to unravel the mystery.

Pierre listened attentively to Jacques' story and asked a question that weighed on his mind, "Why did you choose our little inn to begin your quest?"

Jacques responded with a mysterious smile. He explained that during his research, he had come across an ancient manuscript that mentioned a special key needed to access the treasure hidden in the mountains. The key was described as a unique object, carved from a rare mountain crystal.

The manuscript's riddle stated that the key was in the hands of someone who lived in the mountains, someone whose soul was as pure as the crystals that surrounded them. Jacques had followed the clues and rumors until he arrived at "The Inn of the Mountains."

He believed that the key was somehow connected to this place and hoped to find the person who held it. He was convinced that Pierre or one of his guests could be the key to the puzzle.

Pierre was intrigued by Jacques' story and by the mystery that hung in the air. He wondered if he could be the person designated to help Jacques find the treasure.

The next morning, Jacques and Pierre embarked on a quest in the mountains. They climbed steep trails, crossed frozen streams, and explored hidden caves in search of the crystal key.

The wild and majestic nature of the mountains surrounded them, creating an atmosphere that was both mystical and enchanting. Jacques often spoke of mountain legends, stories of benevolent spirits and magical creatures that watched over these lands.

As their quest continued, Jacques and Pierre drew closer to the truth. They discovered a hidden cave behind a roaring waterfall, a place of breathtaking beauty. Inside, they found a small opening in the rock.

It was here that Jacques believed the crystal key might be found. They examined every corner of the cave, searching for clues, symbols, or any sign of an ancient presence. The place seemed charged with energy, as if it had been waiting for centuries for someone worthy to discover it.

Pierre began to feel a deep reverence for the mountains and for Jacques' quest. He knew that this mystery had the power to change the lives of those who sought it, but he still wondered if he was truly the key needed to unlock the treasure.

As Jacques and Pierre continued their exploration of the cave, a soft light began to shine in a dark corner. Pierre approached cautiously and discovered a dazzling mountain crystal, carved in the shape of a key.

He felt as if the crystal had chosen him, as if it sensed the purity of his soul and his determination to solve the mystery. Pierre carefully held the crystal key in his trembling hands, and he felt a strange and powerful energy flowing through him.

Jacques looked at Pierre with wonder. He knew that his instinct had been right, that Pierre had been the key to the puzzle all along. They had come to the mountains to find a treasure, but what they had found was far more precious: an understanding of the power of nature and the purity of the soul.

The quest for the mountain treasure had come to an end, but it had opened a new adventure for Jacques and Pierre. They had discovered that the treasure was not made of gold or jewels but of the beauty of nature, the harmony of the mountains, and the power of the pure soul.

Pierre decided to return to "The Inn of the Mountains" and share this discovery with his guests. He knew that the true treasure of the mountains was the serenity they brought to those who ventured there.

The little inn became a retreat for souls seeking peace and a connection with nature. Jacques chose to stay in the mountains to continue his research on the legends and mysteries of these enchanted lands.

Together, they had found far more than they had ever imagined, and they knew that their connection to the mountains would never be broken.

9 798223 613282